Vente du Jeudi 22 Novembre 1900

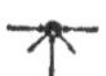

ESTAMPES

Vignettes et Portraits pour Illustrations

TABLEAUX, AQUARELLES, DESSINS

ANCIENS ET MODERNES

Mᵉ Maurice **DELESTRE**, Commissaire-Priseur
5, Rue Saint-Georges

M. L. DUMONT, Expert, Marchand d'Estampes
27, Rue Laffitte.

IMPRIMERIE MAULDE ET RENOU

MAULDE, DOUMENC & Cⁱᵉ

IMPRIMEURS DE LA COMPAGNIE DES COMMISSAIRES-PRISEURS

Rue de Rivoli, 144. — Paris

ESTAMPES MODERNES

Eaux-Fortes & Lithographies originales

PORTRAITS & SUITES DE VIGNETTES MODERNES

Pour Illustrations

TABLEAUX

Dessins de l'École du XVIIIme Siècle

AQUARELLES — DESSINS MODERNES

DONT LA VENTE AUX ENCHÈRES PUBLIQUES AURA LIEU

HOTEL DES COMMISSAIRES-PRISEURS

RUE DROUOT, 9 — SALLE 8

Le Jeudi 22 Novembre 1900

A DEUX HEURES TRÈS PRÉCISES

Par le ministère de **Me Maurice DELESTRE**, Commissaire-Priseur
5, rue Saint-Georges

Assisté de **M. L. DUMONT**, Expert, Marchand d'Estampes
27, rue Laffitte.

PARIS — 1900

CONDITIONS DE LA VENTE

Elle sera faite AU COMPTANT.

Les Acquéreurs paieront CINQ POUR CENT en sus des enchères.

L'ordre du Catalogue sera suivi.

MM. les Amateurs pourront visiter la Collection chez M. L. DUMONT, 27, rue Laffitte, pendant les huit jours qui précèdent la vente, de 1 heure à 6 heures du soir.

M. L. DUMONT se charge des commissions des personnes qui ne pourraient assister à la vente.

MAULDE, DOUMENC et Cie, Imp. de la Cie des Commissaires-Priseurs
rue de Rivoli, 144.   500—92284

DÉSIGNATION

GRAVURES ET EAUX-FORTES
LITHOGRAPHIES

ALBERT, ARDAIL

1 — Parisienne. — Fête nationale.

Deux pièces, très belles épreuves d'artiste signées.

ANONYME

2 — Portrait du baron Boucher-Desnoyers, graveur.

Très belle épreuve d'artiste, très rare.

APPIAN, AUFRAY DE ROC-BIHAN

3 — Le port de San-Remo. — Le pont des Roches à Nantua. — Bateaux de pêche. — Retour de l'étude. etc., etc.

Six pièces, très belles épreuves d'artiste dont trois su Japon

BARAU, BILLOTTE, GUIGNARD, MONTENARD

4 — Sur la Suippe. — Enceinte de Paris. — Troupeau à la mare. — Sur les hauteurs de Toulon.

Quatre pièces, très belles épreuves d'artistes, tirées à dix exemplaires

BERNE BELLECOUR, A. DUMARESCQ, DUPRAY, LANÇON

5 — Le Sentimental. — Patrouille de dragons. — L'école des tambours. — Exercice du sabre. — Sous Metz.

> Cinq pièces, très belles épreuves d'artiste.

BERTRAND

6 — L'Embarquement pour Cythère, d'après WATTEAU, eau-forte en couleur.

> Très belle épreuve d'artiste, signée, encadrée.

BESNARD (A.)

7 — Le Modèle.

> Très belle épreuve d'artiste, signée.

8 — Bain froid.

> Très belle épreuve d'artiste, signée.

BIANCHI

9 — L'Apparition. — Enfant de chœur.

> Deux pièces, très belles épreuves d'artiste sur Japon.

BILLET, BURNAND, CAZIN

10 — Sous le pommier. — Arquebusier bernois. — Têtes de moutons.

> Trois pièces, très belles épreuves d'artiste tirées à dix exemplaires.

BRACQUEMOND (F.)

11 — Portrait de Théophile Gautier, collection BURTY 49).

> Très belle épreuve du 2e état, rare.

12 — La même estampe.

> Très belle épreuve du 3e état, rare.

BRACQUEMOND (F.)

13 — La même estampe.

> Très belle épreuve d'artiste.

BRAECKELEER (DE)

14 — Dentellières. — La lecture. — Le potager.

> Trois pièces, très belles épreuves d'artiste.

BROWN (John Lewis)

15 — Promenade. — En reconnaissance. — Programme du Cercle de l'Union Artistique.

> Trois pièces, très belles épreuves dont deux d'artiste.

BRUNET-DEBAINES

16 — Grand Canal à Venise, d'après Ziem.

> Très belle épreuve d'artiste sur parchemin, signée du peintre et du graveur, encadrée.

BUHOT (F)

17 — Zigzags d'un curieux.

> Très belle épreuve avec marges symphoniques, sur parchemin, signée, encadrée.

18 — L'Hiver de 1879 à Paris, place Bréda.

> Très belle épreuve avec les marges symphoniques.

BURNEY

19 — Madame Adam.

> Très belle épreuve d'artiste avec remarque sur Chine

20 — Boussingault, Chevreuil Fils, etc.

> Quatre pièces, très belles épreuves d'artistes, dont une avec dédicace.

CALAMATTA

21 — Le Duc d'Orléans. — Portrait d'un Général.

Deux pièces, très belles épreuves sur Chine.

CALAMATTA, AUDIBRAN

22 — Le Comte de Morny. — Napoléon III.

Deux pièces, très belles épreuves.

CARRIÈRE (E.)

23 — Edmond de Goncourt.

Très belle épreuve d'artiste sur Japon, signée.

24 — Alphonse Daudet.

Très belle épreuve d'artiste. signée.

25 — Henri Rochefort.

Très belle épreuve d'artiste, signée.

26 — Dolent (Jean).

Très belle épreuve d'artiste sur Chine volant, signée.

27 — Tête de Femme.

Très belle épreuve d'artiste sur Chine volant.

28 — Jeune Femme la tête appuyée sur sa main.

Très belle épreuve d'artiste sur Chine volant.

CHAMPOLLION-LAGUILLERMIE

29 — Le Papillon, d'après FORTUNY. Les Fauconniers d'après FROMENTIN.

Trois pièces, très belles épreuves d'artiste, dont une tirée en couleurs.

COURTOIS (G.)

30 — Étude de nu.

Très belle épreuve d'artiste, très rare.

DAUBIGNY

31 — Parc à moutons. Les Vendanges. Lever de lune.
Le Pré des graves. Vignettes, etc.

> Quatorze pièces, belles épreuves

32 — Le Buisson, d'après RUYSDAEL.

> Très belle épreuve.

DEGAS (d'après)

33 — Suite complète de quinze lithographies en épreuves d'artiste, par THORNLEY (Boussod et Valadon, Paris) ; album cartonné.

34 — Doubles des pièces précédentes.

> Sept pièces, très belles épreuves.

DELATRE (E.)

35 — Trois jeunes Garçons dans un pré, eau-forte en couleurs.

> Très belle épreuve d'artiste sur Japon, signée.

36 — Jeune Femme à l'ombrelle, eau-forte en couleurs.

> Très belle épreuve d'artiste sur Japon, signée.

37 — Couseuse, eau-forte en couleurs.

> Très belle épreuve d'artiste sur Japon, signée.

DESBOUTIN (M.)

38 — Son Portrait à la pipe, grand format.

> Très belle épreuve d'artiste, signée.

39 — Autre Portrait, avec le chapeau et la pipe, petit format.

> Très belle épreuve d'artiste, signée.

DESBOUTIN (M.)

40 — Portrait du comte Lepic.

Très belle épreuve d'artiste sur Chine volant.

41 — Chanteurs des cours.

Très belle épreuve d'artiste, rare.

42 — Joueuse de flûte, d'après FRANS HALS.

Très belle épreuve d'artiste, signée, encadrée.

43 — La sortie de Bébé. Le repos.

Deux pièces, très belles épreuves d'artiste.

DUEZ (E.)

44 — Femme au petit chien. Une Parisienne.

Deux pièces, très belles épreuves d'artiste.

FALGUIÈRE. LANÇON

45 — Les Idiots mendiants. Enlèvement des glaces au Bois de Boulogne. Les Carriers.

Trois pièces, très belles épreuves d'artiste.

FANTIN-LATOUR

46 — L'Inspiration. Dans l'Atelier. La Muse.

Trois pièces, très belles épreuves d'artiste.

FLAMENG (L.)

47 — Jésus guérissant les malades, d'après REMBRANDT.

Très belle épreuve d'artiste, encadrée.

FLAMENG. LALAUZE

48 — Quentin de la Tour, deux portraits différents. Portrait d'Homme.

Trois pièces, très belles épreuves d'artiste.

GÉROME

49 — Le Fumeur.

> Très belle épreuve d'artiste sur Chine.

GŒNEUTTE (Norbert)

50 — Jeune Femme regardant Paris, vue prise du Mou-
lin-de-la-Galette.

> Très belle épreuve d'artiste sur Japon.

51 — La Cigale.

> Très belle épreuve d'artiste.

GUÉRARD (H)

52 — Le Fumeur d'après Brauwer. — Bateaux au
radoub à Venise.

> Deux pièces, très belles épreuves d'artiste, signées.

HENRIQUEL, DUPONT

53 — Henri de Bourbon. — La duchesse d'Orléans.

> Deux pièces, très belles épreuves d'artiste.

54 — Ch. Sauvageot. — Brongniart.

> Deux pièces, très belles épreuves d'artiste sur Chine.

55 — Mansard et Perrault. — E. Seillière.

> Deux pièces, très belles épreuves.

HERKOMER

56 — Son portrait par lui-même.

> Très belle épreuve d'artiste avec remarque sur Japon.

57 — Deux études, tête de vieillard.

> Très belles épreuves d'artiste sur Japon.

58 — The Babes in the wood.

> Très belle épreuve d'artiste sur Japon.

INJALBERT, LA TOUCHE, RIXENS

59 — Etude. — L'agonie. — Etudes de physionomies.

Trois pièces très belles épreuves d'artiste ; tirées à dix exemplaires

JONGKIND

60 — Vues de Hollande ; suite complète de six eaux fortes et un titre.

Sept pièces, très belles épreuves d'artiste.

61 — Patineurs. — Anvers. — Sortie de la Maison Cochin.

Trois pièces, très belles épreuves d'artiste.

62 — Vue du port au chemin de fer à Honfleur. — Vue de Hollande.

Deux pièces, très belles épreuves d'artiste.

63 — Vue de la ville de Maaslins. — Canal en Hollande près de Rotterdam.

Deux pièces, belles épreuves.

LAURENS (J.-P.)

64 — La pouparde. — Victoire Tranchart.

Deux pièces, très belles épreuves d'artiste.

LEFEBVRE (J.)

65 — Madeleine couchée. — Pascuccia.

Deux pièces, très belles épreuves d'artiste.

LEGRAND (L.)

66 — Joueuse de violon. — Danseuse. 3° acte, scène 8.

Trois pièces, très belles épreuves d'artiste.

LEPÈRE (A.)

67 — Les blanchisseuses.

Très belle épreuve d'artiste, en couleur.

68 — Fête vénitienne sur la Seine. — Rue de la Montagne Ste-Geneviève; bois originaux.

Deux pièces, très belles épreuves sur papier pelure.

LEYS

69 — Promenade hors des murs.

Très belle épreuve d'artiste.

70 — Les archers.

Très belle épreuve d'artiste.

LHERMITTE

71 — Un moulin en Bretagne. — Un vieux de la vieille. — La vendange. — L'épicerie de village. — Vases japonais.

Cinq pièces, très belles épreuves d'artiste.

LUNOIS (A.)

72 — La convalescente.

Très belle épreuve d'artiste sur Chine, signée.

73 — Une réunion à la salle Graffard, d'après Béraud.

Très belle épreuve d'artiste sur Japon.

MASSARD

74 — Monsieur Thiers. — Portrait allégorique du même.

Deux pièces, très belles épreuves d'artiste dont une sur Japon.

MEISSONIER (E.)

75 — Le Sergent rapporteur.

Très belle épreuve d'artiste sur Chine avant l'adresse de Salmon.

MEISSONIER (D'après)

76 — Son portrait, par COURTRY.

Très belle épreuve d'artiste sur Japon.

77 — Le Liseur, par RAJON.

Très belle épreuve d'artiste.

78 — Le peintre, par RAJON.

Très belle épreuve d'artiste.

MESPLÈS (E.)

79 — Danseuses.

Deux pièces, très belles épreuves d'artiste.

MILLET (J.F.)

80 — Paysan rentrant du fumier.

Très belle épreuve sur Chine, encadrée.

81 — La fileuse auvergnate.

Très belle épreuve d'artiste.

82 — Femme vidant un seau.

Deux pièces, très belles épreuves, dont une d'essai.

MILLET (D'après)

83 — Les quatre heures du jour, par A. LAVIEILLE.

Quatre pièces, très belles épreuves d'artiste, sur Chine volant.

84 — Paysages et sujets divers.

Quinze pièces, très belles épreuves.

PISSARO (C.)

85 — Les oies — Femme aux seaux.

Deux pièces, très belles épreuves d'artiste.

PORTRAITS

86 — Mesdames Samary, Baretta, Pasca, Sarah Bernhardt

Quatre pièces, dont deux épreuves d'artiste.

87 — Marie de Médicis — Mme de Pompadour — Infante Marguerite — Miss Graham.

Quatre pièces, belles épreuves.

88 — Léon X. — Sir G. Yonge. — Barère. — Erasme, etc.

Sept pièces, belles épreuves.

PUVIS DE CHAVANNES

89 — Retour de chasse.

Très belle épreuve d'artiste, très rare.

90 — L'ange exterminateur.

Très belle épreuve d'artiste, rare.

RAJON (P.)

91 — Tourgueneff. — Victor Hugo.

Deux pièces, très belles épreuves dont une d'artiste.

RIBOT (Th.)

92 — La Recette — Le Menu — Portrait de M. Cardon.

Trois pièces, très belles épreuves d'artiste.

ROPS (F.)

93 — Affiche pour l'Exposition Rops, 1896.

Belle épreuve sur Japon, encadrée.

RUDAUX (E.)

94 — Les petits pêcheurs de crevettes — Maraudeur — Paysanne et chasseur — Très forte à la ligne — Le péage et Déjà passé, éventail — Petite bergère.

Cinq pièces, très belles épreuves d'artiste.

VEYRASSAT

95 — Chevaux à l'abreuvoir — Le bac — Le vieux berger.

Cinq pièces, très belles épreuves d'artiste.

VIGNETTES ET PORTRAITS POUR
ILLUSTRATIONS

96 — **Bida.** Aucassin et Nicolette; suite complète de neuf pièces.

Très belles épreuves d'artiste sur Chine et avec dédicace.

97 — **Bida** (d'après). Le livre de Ruth, par BOILVIN, COURTRY, HÉDOUIN, LALAUZE, etc.

Neuf pièces, très belles épreuves d'artiste sur Chine volant.

98 — **Bida** (d'après). Histoire d'Esther, par BOILVIN, CHAMPOLLION, FLAMENG, HÉDOUIN, etc.

Douze pièces, très belles épreuves d'artiste sur Chine volant.

99 — **Courtry.** L'Escrime, suite d'un frontispice et treize sujets, d'après Frédéric RÉGAMEY.

Très belles épreuves d'artiste avec remarque sur Japon.

100 — **Flameng.** Manon Lescaut. Suite complète d'un portrait et dix sujets.

Très belles épreuves d'artiste.

101 — **Géry Bichard.** Contes de Voisenon. Suite complète de un frontispice et cinq sujets.

Très belles épreuves du 1er état avec remarque sur Japon et avec dédicace.

102 — Géry Bichard. Contes de Jacques Cazotte. Suite complète de un frontispice et cinq sujets.

Très belles épreuves du 1er état avec remarque sur Japon.

103 — Géry Bichard. Le Nez du Notaire. Suite complète de un frontispice et douze sujets.

Très belles épreuves d'artiste sur Japon avec dédicace.

104 — Goncourt (J. DE). Vignette pour la Lorette.

Deux épreuves, dont une avec les mots «To Let» et les différents croquis.

105 — Hédouin. Voyage autour de ma chambre. Suite complète de un portrait et cinq sujets.

Très belles épreuves d'artiste avec dédicace.

106 — Hédouin. Voyage Sentimental. Suite complète de un portrait et cinq sujets.

Très belles épreuves d'artiste sur Japon avec dédicace.

107 — Hédouin. Les Confessions. Suite complète de un portrait et douze sujets.

Très belles épreuves d'artiste sur papier spécial à la cuve avec dédicace.

108 — Hédouin. Manon Lescaut. Suite complète de un portrait et cinq sujets.

Très belles épreuves d'artiste sur Japon avec dédicace.

109 — Hédouin. OEuvres de Jules JANIN. Suite complète de un portrait et treize sujets.

Très belles épreuves d'artiste sur Chine avec dédicace.

110 — Hédouin. Théâtre de Molière. Suite complète de un frontispice et trente-quatre sujets.

Très belles épreuves d'artiste avant l'encadrement sur papier spécial à la cuve, et avec dédicace.

111 — **Hédouin**. Paul et Virginie. Suite complète de un portrait et six sujets.

Très belles épreuves d'artiste avec dédicace.

112 — **Lalauze**. Paul et Virginie. Suite complète de une vignette en-tête, six estampes et un cul-de-lampe

Très belles épreuves d'artiste.

113 — **Lalauze**. Le dernier abbé, de Paul de Musset, six pièces.

Très belles épreuves d'artiste.

114 — **Mare** (De). Théâtre de Molière. Suite de un portrait et six sujets d'après Coypel.

Très belles épreuves.

115 — **Daubigny, Jacque**. Vignettes pour la Pléiade; Madame Acker, trois états différents — Barbe Bleue — Rosemonde — Krespel, etc.

Dix-sept pièces, belles épreuves.

116 — **Mongin**. Le Capitaine Fracasse un portrait et dix sujets.

Très belles épreuves d'artiste.

117 — Vignettes pour le Molière de Leman, quatre pièces. — Vignettes pour Manon Lescaut, Jacques le Fataliste; cinq pièces.

Ensemble neuf pièces d'artiste et d'état.

118 — Vignettes pour les œuvres de Victor Hugo.

Six pièces épreuves d'artiste.

119 — Vignettes d'après Meissonier pour les Contes Rémois.

Quatre pièces, très belles épreuves.

120 — Vignettes pour Graziella et divers.

Onze pièces, épreuves d'artiste.

121 — Vignettes pour différents ouvrages: Madame Bovary, La Chanson des nouveaux époux. etc.

Dix pièces, épreuves d'artiste et d'état.

122 — Vignettes et portrait pour les œuvres de François Coppée, par E. Boulvin.

Six pièces, épreuves d'artiste sur Chine.

123 — Vignettes pour Manon Lescaut, d'après Avril: six pièces.

124 — Mesdames Adam. — Daniel Sterne. — Devauçay. Feydeau, etc.: par Flameng et divers.

Cinq pièces, belles épreuves d'artiste.

125 — Barbey d'Aurevilly. — Leconte de l'Isle. par Rajon.

Deux pièces très belles épreuves d'artiste sur Chine volant.

126 — Beaumarchais par Varin, en double état. — Portrait d'homme.

Trois pièces, très belles épreuves d'artiste dont deux sur Japon.

127 — Bernardin de St-Pierre, par Wedgwood d'après Girodet Trioson.

Très belle épreuve d'artiste sur Chine.

128 — Boileau. — Sterne. — Louis-Philippe. — Le duc de Bordeaux: etc.

Cinq pièces, très belles épreuves.

129 — Lord Byron, quatre portraits différents. — Hoffmann.

Six pièces, belles épreuves d'artiste.

130 — Champfleury, par Bracquemond ; autre portrait (lithographie).

> Trois pièces, très belles épreuves dont une avec dédicace à M. Poulet Malassis.

131 — Coquelin aîné. — Coquelin cadet. — Bressant. — Got. — Mounet-Sully ; etc., par Gaucherel.

> Sept pièces, très belles épreuves d'artiste.

132 — Mlle Dorval. — Mlle Georges. — Mlle Mars. — Rachel. — Mme Pasca. — Judic. — Léonide Leblanc. — Sarah Bernhardt. — Taglioni.

> Dix pièces, belles épreuves dont cinq épreuves d'artiste.

133 — Alexandre Dumas père, par Rajon.

> Très belle épreuve d'artiste sur Chine.

134 — Flandrin. — Ary Schœffer. — Delacroix. — Mme O'Connell. — Orchardson. — Ricard. — Ph. Rousseau ; etc., par Flameng, Gilbert, Lessore.

> Huit pièces, très belles épreuves d'artiste.

135 — Gambetta. — Jules Simon. — M. Claye, par Abot. Legenisel.

> Cinq pièces, très belles épreuves d'artiste.

136 — Théophile Gautier. — Alfred Delvau.

> Trois pièces, belles épreuves.

137 — Gavarni d'après lui-même, par L. Flameng, Nargeot.

> Deux pièces, très belles épreuves d'artiste.

138 — J. de Goncourt, portraits différents.

> Dix pièces, belles épreuves d'artiste.

139 — Henri Ier et Henri II de Bourbon, princes de Condé,
par DANGUIN et FLEISCHMANN. — Henri de Navarre et
Jeanne d'Albret, par HILLEMACHER.

Trois pièces, belles épreuves.

140 — Comtesse d'Houdetot. — Portrait de femme ; par
MASSARD, HÉDOUIN.

Cinq pièces, épreuves d'artiste.

141 — Victor Hugo, portraits différents, par COURTRY, LE
RAT, LESSORE, etc.

Cinq pièces, très belles épreuves dont quatre d'artiste.

142 — Victor Hugo. — Edmond About, d'après BAUDRY.
— Le jour de l'an d'un vagabond. — Portrait charge
de Théophile Gautier ; par BOILVIN, DE MARE, GILL.

Quatre pièces, très belles épreuves d'artiste, rares.

143 — Lamartine. — Casimir Delavigne. — Chateau-
briand : ect.

Sept pièces, très belles épreuves.

144 — Duc de Luynes. — Vicomte de Janzé ; par LE RAT.

Deux pièces, très belles épreuves d'artiste sur Chine.

145 — Michel Ange. — Rembrandt. — Gérard Dow. —
L'Arétin. — Chardin. — Quentin de la Tour ; etc.,
par LA GUILLERMIE, FLAMENG.

Huit pièces, dont sept en épreuves d'artiste.

146 — Molière ; portraits différents par HENRIQUEL DU-
PONT, GILBERT, DE MARE ; etc.

Six pièces très belles épreuves, dont quatre d'artiste.

147 — Madame de Pompadour. — Marie de Médicis. —
Mme Dubarry.

Quatre pièces, très belles épreuves, dont trois d'artiste.

148 — Napoléon I⁰ʳ. - Le Roi de Rome. — Le duc de Reichstadt.

Cinq pièces, belles épreuves.

149 — Prud'hon. — Goya. — Sauvage. — Coignet. — Canova ; par Hédouin, Milius, Rajon, etc.

Huit pièces, dont cinq en épreuves d'artiste.

150 —Sarah Bernhardt. — Garnier. — Chaplin. —Carolus Duran. — Paul Mantz ; par Louise Abbéma.

Cinq pièces, très belles épreuves d'artiste.

151 — Mᵐᵉ de Sévigné, — Mᵐᵉ de Maintenon. — La Comtesse de Grignan. — De Larochefoucauld. — Le Comte de Grignan ; par Ceroni.

Sept pièces très belles épreuves d'artiste sur Chine.

152 — Alfred de Vigny, trois pièces par Hédouin, Lessore.

Très belles épreuves d'artiste.

153 — Portraits de la Reine Victoria et de membres de la famille royale d'Angleterre.

Douze pièces très belles épreuves d'artiste dont huit sur parchemin.

154 — Rouget de l'Isle. — Les 4 Sergents de la Rochelle. — Saint Just. — etc.

Quatre pièces, belles épreuves.

155 — Richomme. — Desenne. - Morin. — Beethoven — etc.

Quatorze pièces, belles épreuves.

156 — Portraits de bibliophiles français.

Quatorze pièces, belles épreuves.

157 — Les mêmes. *(Bibliophiles)*.

> Huit pièces.

158 — Mme de Maintenon. — Marie Stuart. — Marguerite de Valois. — Mme de la Sablière. — Joséphine. — etc. etc.

> Seize pièces, belles épreuves.

TABLEAUX

ECOLE MODERNE

159 — Roméo et Juliette.

> Toile H. 0^m.65 ; L. 0^m.54, encadrée.

160 — Christophe Colomb à la Cour d'Espagne.

> Esquisse sur toile H. 1^m10. L. 0^m75.

GUÉRIN

161 — Jeune femme assise dans un paysage.

> Panneau sur bois. H. 0^m.20 ; L. 0^m.26, encadré.

162 — Un peintre dessinant à la lueur d'une torche que porte un amour.

> Panneau sur bois. H. 0^m.20 ; L. 0^m.26, encadré.

AQUARELLES, DESSINS

AARTMANN

163 — Scènes d'intérieur.

> Deux aquarelles.

ARANDA (1.)

164 — Etude de tête d'homme.

> A l'encre, avec dédicace, signé, encadré.

BEAUME (de)

165 — Nymphe et Satyres.

> Au crayon noir.

BIDA

166 — Dessin pour les œuvres de Musset. *(Hassan et Namouna.)*

> Au crayon noir rehaussé de blanc, encadré.

BLONDEL

167 — Mausolée au milieu de ruines.

> Au lavis d'encre de Chine et à la sépia.

BOUCHER (Fr.)

168 — Les pèlerins d'Emmaüs.

> Au crayon noir.

169 — Ecusson orné soutenu par des amours.

> Au crayon noir rehaussé de blanc.

170 — Funérailles.

> Au crayon noir rehaussé de blanc.

BOUCHER (Attribué à)

171 — Deux têtes d'amours.

> A la sanguine.

172 — Berger et son troupeau.

> Aquarelle.

173 — Etudes d'amours.

> A la mine de plomb et à la sanguine.

COYPEL

174 — Apothéose finale d'une scène de ballet.

> Aquarelle, signée.

DAUBIGNY

175 — Le palais de Fontainebleau.
>Dessin pour illustration, au crayon.

DELACROIX (E.)

176 — Feuille d'étude pour un saint Georges
>A la mine de plomb, rehaussé d'aquarelle (vente E. Delacroix) encadré.

DETAILLE (Ed.)

177 — Lettre ornée pour « l'Armée Française ».
>A la plume, signé, encadré.

DIAZ

178 — Bucolique.
>A la mine de plomb, signé, encadré.

DRANER

179 — Un Général et son aide de camp.
>Aquarelle, avec dédicace, signée, encadrée.

ÉCOLE FRANÇAISE DU XVIIIe SIÈCLE

180 — Pomone, d'après Natoire.
>A la sanguine.

181 — La promenade du matin.
>A l'encre de Chine rehaussé d'aquarelle.

ÉCOLE ITALIENNE

182 — La Sainte Famille entourée de groupes d'anges.
>A la plume et à la sépia, encadré.

EDELINCK (Attribué a)

183 — Louis XV, petit médaillon.
>A la mine de plomb.

EISEN (Attribué a)

184 — Le Jugement de Pâris.

A la plume rehaussé de sépia.

FRAGONARD (Attribué a)

185 — La Terrasse (collection Mouilleron).

Dessin rehaussé de pastel et d'aquarelle.

GŒNEUTTE (N)

186 — Jeune Femme regardant des estampes.

Au crayon, signé, encadré.

GRÉVIN (A)

187 — C'est canaille, c'est voyou, c'est idiot, c'est mal-
propre, et nous aimons ça; etc.

A la plume, signé, encadré.

GUÉRARD (H.)

188 — Éventail japonais.

Aquarelle, signée, encadrée.

GUILLAUMET (G.)

189 — Une rue haute à Tanger.

Dessin au crayon noir; signé, encadré.

HELLEU

190 — Jeune Femme étendue sur un canapé.

Dessin aux trois crayons encadré.

HOUBRAKEN (A.)

191 — Figure allégorique.

Au lavis d'encre de Chine et à la sanguine.

HUMBERT DE SUPERVILLE

192 — Étude d'une tête de femme.

Au crayon noir.

193 — Étude d'une tête d'homme.

Aux trois crayons, signé.

LABERGE

194 — Intérieur d'un atelier d'artiste.

A la plume et à la sépia, signé, encadré.

LAIRESSE (G. DE)

195 — Concert d'enfants.

A la plume et à la sépia.

LALANNE (M.)

196 — Ruisseau sous bois.

Fusain, signé, encadré.

197 — Près Houlgate.

Fusain, signé, encadré.

198 — Bords de rivière.

Fusain, signé, encadré.

LAMI (E.)

199 — Frédéric et Bernerette; pour les œuvres de Mussel.

Aquarelle, encadrée.

LAZERGES

200 — Études et Croquis.

Cinq dessins aux deux crayons et à l'aquarelle.

LE BRUN (C.)

201 — Polyphème.

A la sépia, rehaussé de blanc.

LEHOUX (A)

202 — Portrait d'Homme.

Aquarelle.

MARIE (Adrien)

203 — Alphonse XIII enfant.

Au lavis, signé, encadré.

MONNIER (H.)

204 — Feuille de croquis.

A la plume, signé : H. M., 28 août 1873.

MOUCHERON (F.)

205 — Entrée du château de La Haye.

Aquarelle.

206 — Décor d'appartement.

Aquarelle.

207 — Bucolique ; le temple de l'Amour.

Aquarelle.

208 — Vue de ruines avec personnages.

Au lavis d'encre de Chine et à la sépia.

NANTEUIL (Célestin)

209 — Affiche pour José Maria.

Au crayon noir, signé.

210 — Affiche pour Lala Roukh.

Au crayon noir, signé.

211 — Affiche pour Lara.

Au crayon noir, signé.

PERIER (F)

212 — Mausolée.

Au lavis d'encre de Chine et à la sépia.

PICART (Bernard)

213 — Sérénissima Carolina.

A la sanguine, signé.

PILLE (H.)

214 — Deux Amateurs regardant des armoiries que leur présente un artiste verrier.

A la plume, rehaussé d'aquarelle, avec dédicace, signé, encadré.

PILLEMENT

215 — Séries de dessins comprenant : les jeux chinois, parasols chinois, balançoires chinoises, différentes figures chinoises, figures grotesques, écrans, panneaux, fleurs, etc.

Soixante-douze dessins au crayon.

RAFFET

216 — Chariot et Cavaliers valachs : étude pour le voyage en Russie méridionale.

A la sépia (vente Raffet), encadré.

ROODE (F. de)

217 — Jeune Femme à sa toilette.

A la sanguine.

ROPS (F.)

218 — Le Bouquet.

Aquarelle, signée du monogramme, encadrée.

TROOST (C.)

219 — La Répétition.

Importante composition au lavis d'encre de Chine.

VAN LIENDER

220 — Paysage antique.

Aquarelle.

VINKELESS

221 — Sujets pour illustrations.

Quatre dessins au lavis d'encre de Chine.

WITT (DE)

222 — La Moisson et les Vendanges ; plafond.

Aquarelle signée.

223 — Figure allégorique.

Aquarelle.

224 — Projet de plafond.

Aquarelle.

225 — La Charité.

Aquarelle, signée.

226 — L'Hiver.

A la sanguine, signé.

CURIOSITÉS

227 — Portrait de Jacquart.

Tissé sur soie, encadré.

228 — Portrait de M. Thiers.

Tissé sur soie, encadré.

229 — Portrait de Napoléon III.

Tissé sur soie, encadré.